σχολείο - isikole	2
ταξίδι - ukuhamba	5
μεταφορά - izinto zokuhamba	8
πόλη - idolobha	10
τοπίο - ingadi	14
εστιατόριο - isitolo sokudlela	17
σούπερ μάρκετ - emakethe enkulu	20
ποτά - iziphuzo	22
φαγητό - ukudla	23
αγρόκτημα - ifamu	27
σπίτι - indlu	31
σαλόνι - igumbi lokuhlala	33
κουζίνα - ikhishi	35
μπάνιο - igumbi lokugeza	38
παιδικό δωμάτιο - igumbi lezingane	42
ρούχα - izimpahla	44
γραφείο - i-ofisi	49
οικονομία - umnotho	51
επαγγέλματα - imisebenzi	53
εργαλεία - amathuluzi	56
μουσικά όργανα - izinsimbi zomculo	57
ζωολογικός κήπος - esiqiwini	59
αθλήματα - imidlalo	62
δραστηριότητες - imisebenzi	63
οικογένεια - umndeni	67
σώμα - umzimba	68
νοσοκομείο - isibhedlela	72
έκτακτη ανάγκη - izimo eziphuthumayo	76
Γη - Umhlaba	77
ρολόι - iwashi	79
εβδομάδα - iviki	80
έτος - unyaka	81
σχήματα - amasheyphu	83
χρώματα - imibala	84
αντίθετα - izinto ezingafani	85
αριθμοί - izinombolo	88
γλώσσες - izilimi	90
ποιος / τι / πως - ubani / ini / kanjani	91
που - kuphi	92

Impressum
Verlag: BABADADA GmbH, Nedderfeld 112 , 22529 Hamburg
Geschäftsführer / Verlagsleitung: Harald Hof
Druck: Books on Demand GmbH, In de Tarpen 42, 22848 Norderstedt

Imprint
Publisher: BABADADA GmbH, Nedderfeld 112 , 22529 Hamburg, Germany
Managing Director / Publishing direction: Harald Hof
Print: Books on Demand GmbH, In de Tarpen 42, 22848 Norderstedt

σχολείο
isikole

- διαιρώ / divayda
- πίνακας / ibhodi
- σχολική τάξη / ikilasi
- σχολική αυλή / igceke lesikole
- δάσκαλος / uthisha
- χαρτί / iphepha
- γράφω / bhala
- στυλό / ipeni
- γραφείο / ideski
- χάρακας / irula
- βιβλίο / incwadi
- μαθητής / umuntu

σχολική τσάντα
isikhwama

κασετίνα/ μολυβοθήκη
isikwama sepeni

μολύβι
ipensela

ξύστρα
umshini wokulola

γόμα
irabha

μπλοκ ζωγραφικής
indawo yokudweba

ζωγραφική
ukudweba

πινέλο
ibrashi lokupenda

κουτί χρωμάτων
ibhokisi lokupenda

ψαλίδι
isikelo

κόλλα
inomfi

τετράδιο ασκήσεων
incwadi yesikole

εργασία για το σπίτι
umsebenzi wasekhaya

αριθμός
inamba

προσθέτω
hlanganisa

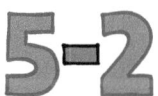
αφαιρώ
susa

πολλαπλασιάζω
phindaphinda

υπολογίζω
bala

γράμμα
incwadi

αλφάβητο
izinhlamvu zamagama

λέξη
igama

σχολείο - isikole

κείμενο umbhalo	διαβάζω funda	κιμωλία ushoki
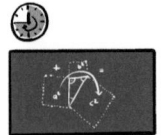		
μάθημα isifundo	εγγράφομαι bhalisa	τεστ isivivinyo

πιστοποιητικό isitifiketi	μαθητική στολή iyunifomu yesikole	εκπαίδευση imfundo

εγκυκλοπαίδεια i-encyclopedia	πανεπιστήμιο inyuvesi	μικροσκόπιο isibonakhulu
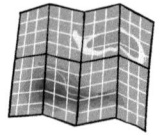		
χάρτης ibalazwe	καλάθι αχρήστων ibhaskidi yokulahla amaphepha	

σχολείο - isikole

ταξίδι

ukuhamba

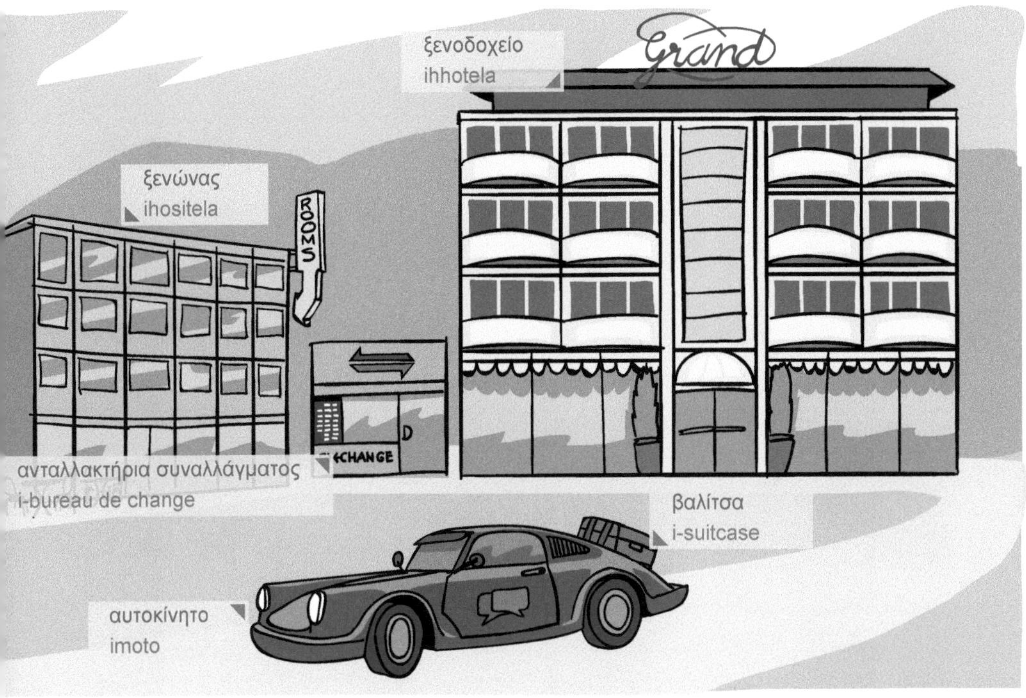

ξενοδοχείο
ihhotela
Grand
ξενώνας
ihositela
ROOMS
ανταλλακτήρια συναλλάγματος
i-bureau de change
βαλίτσα
i-suitcase
αυτοκίνητο
imoto

γλώσσα

ulimi

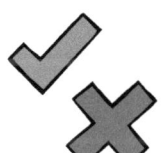

ναι / όχι

yebo / cha

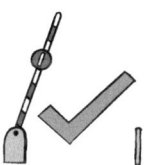

εντάξει

kulungile

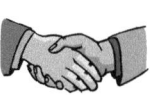

γεια σου

sawubona

μεταφραστής

umhumushi

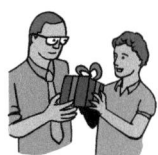

Ευχαριστώ

Ngiyabonga

πόσο κάνει ;
iyimalini i...?

Δε καταλαβαίνω
angiqondi

πρόβλημα
inkinga

Καλησπέρα!
Intambama enhle!

Καλημέρα!
Sawubona!

Καληνύχτα!
Ulale kahle!

Αντίο
bye bye

κατεύθυνση
isiqondiso

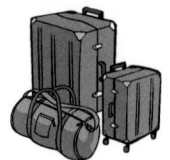

αποσκευές
izikhwama

τσάντα
isikhwama

σακίδιο πλάτης
ubhakha

καλεσμένος
isivakashi

δωμάτιο
igumbi

υπνόσακος
isikhwama sokulala

σκηνή
ithende

ταξίδι - ukuhamba

τουριστικές πληροφορίες
mininingwane yamathoristi

παραλία
ulwandle

πιστωτική κάρτα
ikhadi lesikweletu

πρωινό
ukudla kwasekuseni

μεσημεριανό
ukudla kwasemini

δείπνο
ukudla kwasebusuku

εισιτήριο
ithikithi

ανελκυστήρας
i-lift

γραμματόσημο
isitembu

σύνορα
ibhoda

τελωνείο
amasiko

πρεσβεία
inxusa

βίζα
ivisa

διαβατήριο
iphasiphothi

ταξίδι - ukuhamba

μεταφορά
izinto zokuhamba

αεροπλάνο
indiza

πλοίο
iskebhe

πυροσβεστικό όχημα
injini yomlilo

λεωφορείο
ibhasi

φορτηγό
iloli

μηχανοκίνητο σκάφος
kebhe senjini

ποδήλατο
isithuthuthu

αυτοκίνητο
imoto

φεριμπότ
isikebhe

βάρκα
isikebhe

μοτοσικλέτα
isithuthuthu

περιπολικό
imoto yamaphoyisa

αγωνιστικό αυτοκίνητο
imoto ejahayo

ενοικιαζόμενο αυτοκίνητο
imoto eqashiwe

αμοιρασμός αυτοκινήτων
ukurenta imoto

γερανός
iloli eliphukile

απορριμματοφόρο
ithrakhi

κινητήρας
injini

καύσιμο
amafutha

βενζινάδικο
indawo yokuthela uphethiloli

πινακίδα σήμανσης
uphawu lwethrafikhi

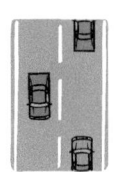

κυκλοφορία
ithrafikhi

κυκλοφοριακή συμφόρηση
ithrafikhi enkulu

χώρος στάθμευσης
indawo yokupaka izimoto

σιδηροδρομικός σταθμός
isitashi sesitimela

σιδηροδρομικές γραμμές
amaloli

τρένο
isitimela

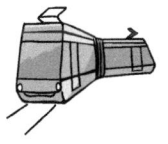

τραμ
ithilamu

βαγόνι
inqola

μεταφορά - izinto zokuhamba

ελικόπτερο
ihelikhoptha

αεροδρόμιο
isikhungo sezindiza

πύργος
umphongolo

επιβάτης
iphasenja

εμπορευματοκιβώτιο
ikhonteyna

χαρτοκιβώτιο
ikhathoni

καρότσι
inqola

καλάθι
ubhasikidi

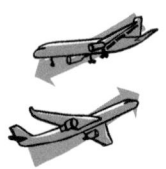
απογειώνομαι / προσγειόνομαι
ukusuka / ukwehla

πόλη
idolobha

χωριό
isigodi

κέντρο της πόλης
i-city centre

σπίτι
indlu

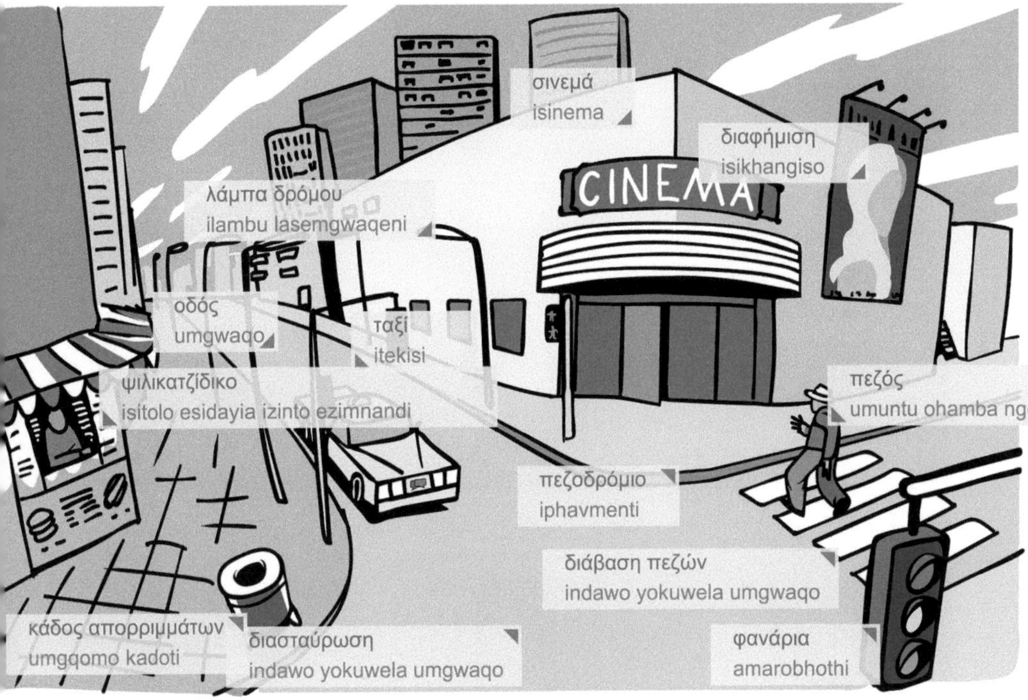

σινεμά
isinema

διαφήμιση
isikhangiso

λάμπα δρόμου
ilambu lasemgwaqeni

οδός
umgwaqo

ταξί
itekisi

ψιλικατζίδικο
isitolo esidayia izinto ezimnandi

πεζός
umuntu ohamba nge

πεζοδρόμιο
iphavmenti

διάβαση πεζών
indawo yokuwela umgwaqo

κάδος απορριμμάτων
umgqomo kadoti

διασταύρωση
indawo yokuwela umgwaqo

φανάρια
amarobhothi

καλύβα
indlu yodaka

διαμέρισμα
i-flat

σιδηροδρομικός σταθμός
isitashi sesitimela

δημαρχείο
i-town hall

μουσείο
imuzilemu

σχολείο
isikole

πόλη - idolobha

πανεπιστήμιο
inyuvesi

τράπεζα
ibhange

νοσοκομείο
isibhedlela

ξενοδοχείο
ihhotela

φαρμακείο
ikhemisi

γραφείο
i-ofisi

βιβλιοπωλείο
isitolo sezincwadi

κατάστημα
esitolo

ανθοπωλείο
istolo sezimbali

σούπερ μάρκετ
emakethe enkulu

αγορά
imakethe

πολυκατάστημα
isitolo somnyango

ιχθυοπωλείο
i-fishmonger's

εμπορικό κέντρο
isikhungo sezitolo

λιμάνι
isikhungo semikhumbi

πόλη - idolobha

πάρκο
ipaki

παγκάκι
ibhentshi

γέφυρα
ibhuloho

σκάλες
izitezi

μετρό
ngaphansi komhlaba

τούνελ
umhubhe

στάση λεωφορείου
istobhu sebhasi

μπαρ
i-bar

εστιατόριο
isitolo sokudlela

γραμματοκιβώτιο
eposini

πινακίδα δρόμου
uphawu lwasemgwaqeni

παρκόμετρο
umshini wokukhokhela ukupaka

ζωολογικός κήπος
esiqiwini

πισίνα
indawo yokubhukuda

τζαμί
i-mosque

πόλη - idolobha

αγρόκτημα
ifamu

ρύπανση
ukungcola

νεκροταφείο
amagcwaba

εκκλησία
isonto

παιδική χαρά
igrawundi lokudlala

ναός
ithempeli

τοπίο
ingadi

φύλλο
icembe

πινακίδα κατεύθυνσης
mpambano mgwaqo

δρόμος
indlela

λιβάδι
idlelo

πέτρα
itshe

δέντρο
isihlahla

πεζοπόρος
umqwali wezintaba

ποτάμι
umfula

χορτάρι
utshani

λουλούδι
imbali

κοιλάδα
isigodi

λόφος
intaba

λίμνη
ichibi

δάσος
ihlathi

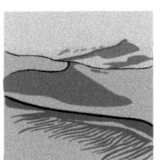
έρημος
ogwadule

ηφαίστειο
intaba mlilo

κάστρο
isigodlo

ουράνιο τόξο
uthingo

μανιτάρι
ikhowe

φοίνικας
isihlahla sesundu

κουνούπι
umiyane

μύγα
ukundiza

μυρμήγκι
intuthwane

μέλισσα
inyosi

αράχνη
isicabucabu

τοπίο - ingadi   15

σκαθάρι
ibhungane

βάτραχος
ixoxo

σκίουρος
i-squirrel

σκαντζόχοιρος
i-hedgehog

λαγός
unogwaja

κουκουβάγια
isikhova

πουλί
izinyoni

κύκνος
idada

αγριογούρουνο
intibane

ελάφι
inyamazane

άλκη
i-moose

φράγμα
idamu

ανεμογεννήτρια
i-wind turbine

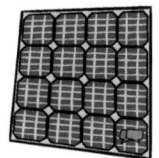
ηλιακός συλλέκτης
i-solar panel

κλίμα
isimo sezulu

τοπίο - ingadi

εστιατόριο
isitolo sokudlela

- σερβιτόρος — uweyita
- κατάλογος — imenu
- καρέκλα — isihlalo
- σούπα — isobho
- πίτσα — i-pizza
- μαχαιροπίρουνα — ikhathilari
- τραπεζομάντιλο — indwangu yasetafuleni

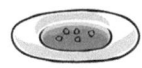

ορεκτικό
ukudla okulula

κύριο πιάτο
isidlo

επιδόρπιο
idizethi

ποτά
iziphuzo

φαγητό
ukudla

μπουκάλι
ibhodlela

φαστ φουντ
ukudla okulula

φαγητό στ' όρθιο
ukudla okudayiswa emgwaqeni

τσαγιέρα
ithiphothi

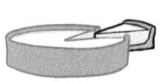

δοχείο ζάχαρης
isitsha sikashukela

μερίδα
ingxenye

μηχανή εσπρέσο
umshini we-ekspreso

ψηλή καρέκλα
isitulo esiphezulu

λογαριασμός
izindleko

δίσκος
ithreyi

μαχαίρι
ummese

πιρούνι
imfologo

κουτάλι
ispuni

κουταλάκι του τσαγιού
ithispuni

πετσέτα φαγητού
indawo yokusula umlomo

ποτήρι
igilasi

εστιατόριο - isitolo sokudlela

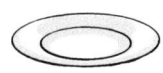

πιάτο
ipuleti

πιάτο σούπας
ipuleti lesobho

πιατάκι φλιτζανιού
isoso

σάλτσα
isosi

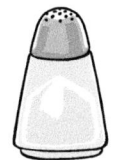

αλατιέρα
isitsha sasawoti

μύλος για πιπέρι
isitsha sephepha

ξύδι
uviniga

λάδι
amafutha

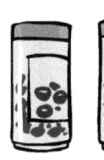

μπαχαρικά
izinongo

κέτσαπ
isosi yetamatisi

μουστάρδα
isosi yesinaphi

μαγιονέζα
imayonesi

σούπερ μάρκετ
emakethe enkulu

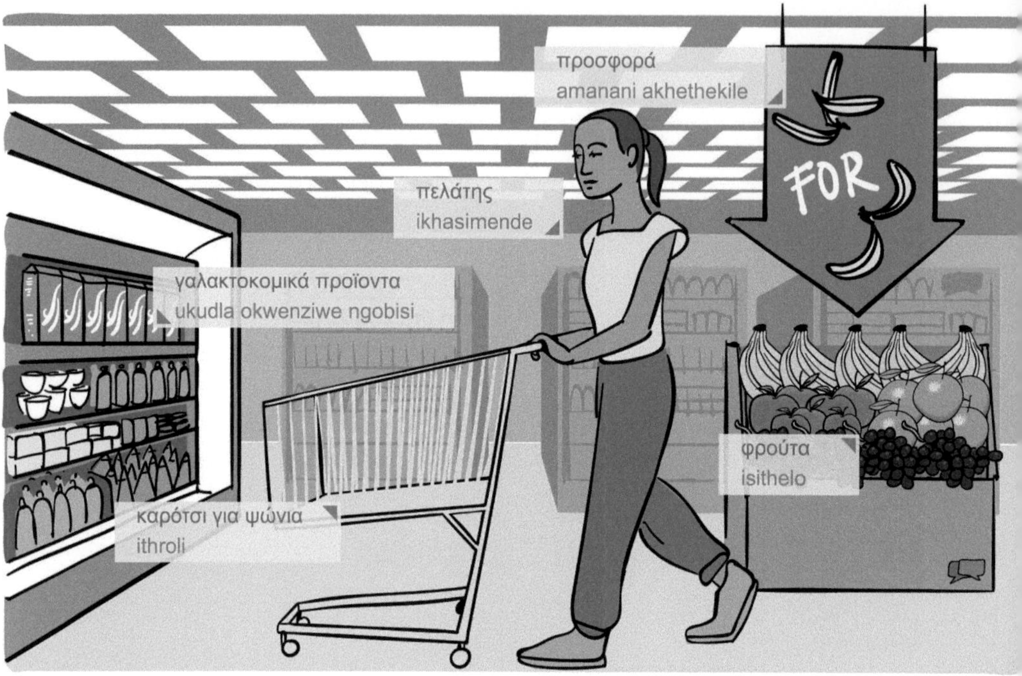

προσφορά
amanani akhethekile
FOR
πελάτης
ikhasimende
γαλακτοκομικά προϊόντα
ukudla okwenziwe ngobisi
φρούτα
isithelo
καρότσι για ψώνια
ithroli

BUTCHERS

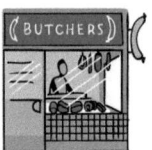

κρεοπωλείο

ebhusha

BAKERY

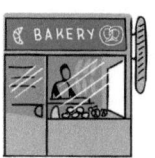

φούρνος

isitolo esidayisa isinkwa

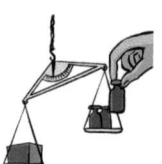

ζυγίζω

kala

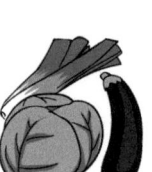

λαχανικά

amaveji

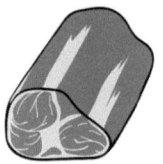

κρέας

inyama

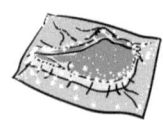

κατεψυγμένα τρόφιμα

ukudla okubandayo

αλλαντικά

inyama ebandayo

κονσερβοποιημένη τροφή

ukudla okusethinini

απορρυπαντικό ρούχων

insipho yokuwasha enguphawuda

γλυκά

oswidi

οικιακά είδη

izinto zasendlini

καθαριστικά προϊόντα

izinto zokuhlanza

πωλήτρια

umuntu odayisayo

ταμείο

ithili

ταμίας

umbali wemali

λίστα για ψώνια

izinto okumelwe zithengwe

ωράριο λειτουργίας

amahora okuvula

πορτοφόλι

uwolethi

πιστωτική κάρτα

ikhadi lesikweletu

τσάντα

isikhwama

πλαστική σακούλα

isikwama sepulastiki

σούπερ μάρκετ - emakethe enkulu

ποτά
iziphuzo

νερό
amanzi

χυμός
ijusi

γάλα
ubisi

κόκα κόλα
i-coke

κρασί
iwayini

μπίρα
ubhiya

αλκοόλ
utshwala

κακάο
i-cocoa

τσάι
itiye

καφές
ikhofi

εσπρέσο
i-ekspreso

καπουτσίνο
ikhaphachino

φαγητό
ukudla

μπανάνα
ubhanana

μήλο
i-apula

πορτοκάλι
i-olintshi

πεπόνι
ikhabe

λεμόνι
ulamula

καρότο
ukherothi

σκόρδο
ugaligi

μπαμπού
umhlanga

κρεμμύδι
u-anyanisi

μανιτάρι
ikhowe

ξηροί καρποί
amakinati

νουντλς
ama-noodle

φαγητό - ukudla

μακαρόνια	ρύζι	σαλάτα
isipagethi	iraysi	isaladi

πατατάκια	τηγανητές πατάτες	πίτσα
ama-chips	amazambane athosiwe	i-pizza

χάμπουργκερ	σάντουιτς	κοτολέτα
ibhega	isendiwichi	inyama engenathambo

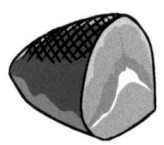

ζαμπόν	σαλάμι	λουκάνικο
ham	salami	isoseji

κοτόπουλο	ψητό	ψάρι
inkukhu	yosiwe	inhlanzi

φαγητό - ukudla

χυλός βρώμης
iphalishi le-oats

μούσλι
i-muesli

κορν φλέικς
ama-cornflakes

αλεύρι
uflulawa

κρουασάν
i-croissant

ψωμάκι
isinkwa esiyiroli

ψωμί
isinkwa

τοστ
i-toast

μπισκότα
amabhiskidi

βούτυρο
ibhotela

τυρόπηγμα
i-curd

κέικ
ikhekhe

αυγό
iqanda

τηγανητό αυγό
iqanda elithosiwe

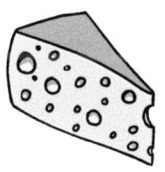

τυρί
ushizi

φαγητό - ukudla

παγωτό   ζάχαρη   μέλι
i-ice cream   ushukela   uju

μαρμελάδα   άλλειμμα σοκολάτας   κάρυ
ujamu   ispredi sikashokholedi   isitshulu

φαγητό - ukudla

αγρόκτημα
ifamu

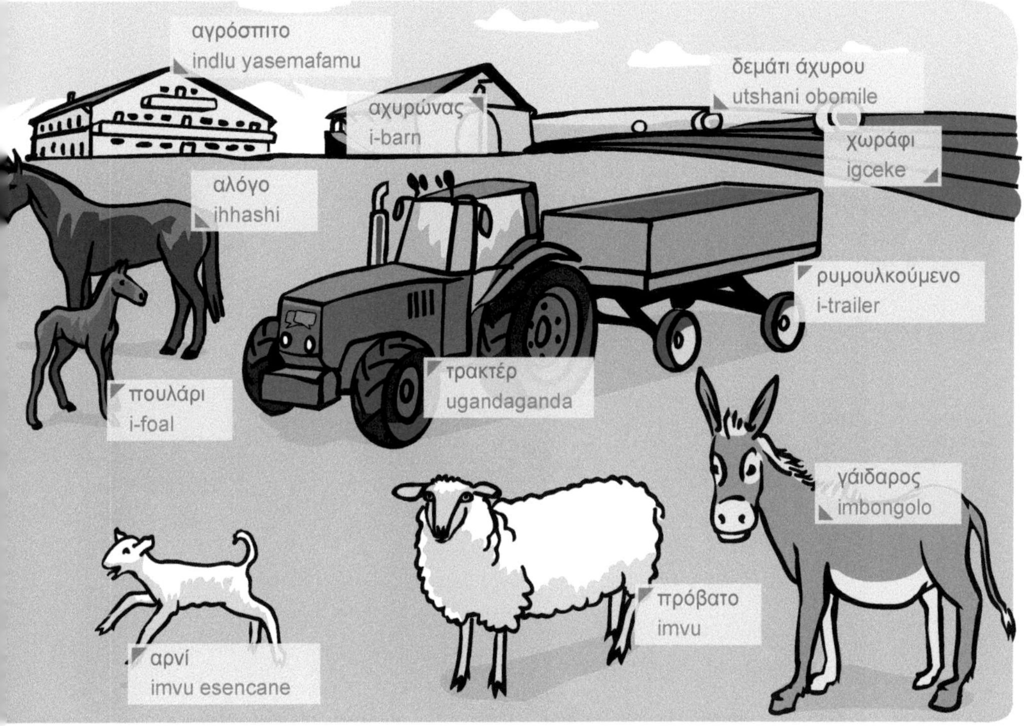

αγρόσπιτο — indlu yasemafamu

αχυρώνας — i-barn

δεμάτι άχυρου — utshani obomile

χωράφι — igceke

αλόγο — ihhashi

ρυμουλκούμενο — i-trailer

πουλάρι — i-foal

τρακτέρ — ugandaganda

γάιδαρος — imbongolo

αρνί — imvu esencane

πρόβατο — imvu

κατσίκα
imbuzi

αγελάδα
inkomo

μοσχαράκι
ithole

γουρούνι
ingulube

γουρουνάκι
ingulube esencane

ταύρος
inkunzi

χήνα
ihansi

πάπια
idada

κοτοπουλάκι
ichwane

κότα
isikhukhukazi

κόκορας
iqhude

αρουραίος
igundwane

γάτα
ikati

ποντίκι
igundwane

βόδι
inkabi

σκύλος
inja

σπιτάκι σκύλου
indlu yenja

λάστιχο κήπου
ipayipi lokunisela

ποτιστήρι
ikani lokunisela

θεριστήρι
ucelemba

αλέτρι
igeja

αγρόκτημα - ifamu

δρεπάνι
isikela

τσάπα
ukhuba

δίκρανο
imfoloko

τσεκούρι
imbazo

χειράμαξα
ibhala

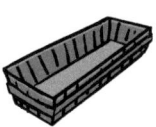
ταΐστρα
umkhombe

δοχείο γάλακτος
ubusi olusekanini

σάκος
isaka

φράχτης
ifensi

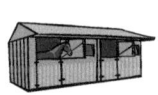
στάβλος
esitebhilini

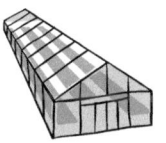
θερμοκήπιο
i-greenhouse

έδαφος
inhlabathi

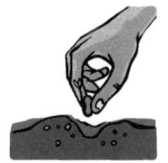
σπόρος
imbewu

λίπασμα
umanyolo

θεριζοαλωνιστική μηχανή
ukuvuna okuhlanganisiwe

αγρόκτημα - ifamu

θερίζω vuna	συγκομιδή isivuno	γιαμς ama-yam

σιτάρι ukolweni	σόγια umbhontshisi	πατάτα amazambane

καλαμπόκι ummbila	κράμβη i-rapeseed	οπωροφόρο δέντρο isihlahla sezithelo

μανιόκα umdumbula	δημητριακά amasiriyeli	

αγρόκτημα - ifamu

σπίτι
indlu

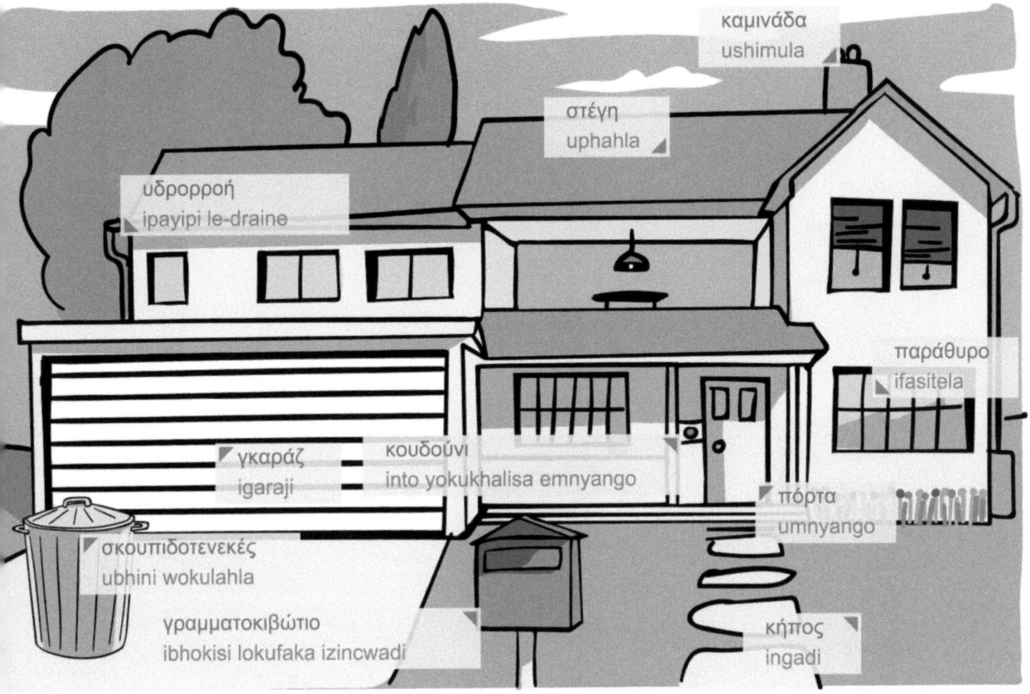

- καμινάδα / ushimula
- στέγη / uphahla
- υδρορροή / ipayipi le-draine
- παράθυρο / ifasitela
- γκαράζ / igaraji
- κουδούνι / into yokukhalisa emnyango
- πόρτα / umnyango
- σκουπιδοτενεκές / ubhini wokulahla
- γραμματοκιβώτιο / ibhokisi lokufaka izincwadi
- κήπος / ingadi

σαλόνι
igumbi lokuhlala

μπάνιο
igumbi lokugeza

κουζίνα
ikhishi

υπνοδωμάτιο
igumbi lokulala

παιδικό δωμάτιο
igumbi lezingane

τραπεζαρία
igumbi lokudlela

σπίτι - indlu

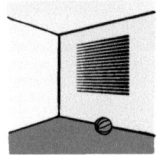
πάτωμα
phansi

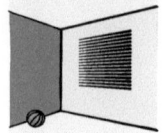
τοίχος
udonga

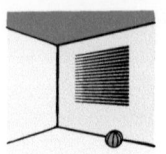
οροφή
usilingi

κελάρι
i-cella

σάουνα
i-sauna

μπαλκόνι
ibhalconi

βεράντα
i-terrace

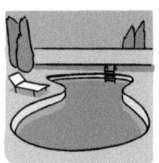
πισίνα
iphuli

μηχανή του γκαζόν
umshin wokugunda utshani

σεντόνι
ishidi

κάλυμμα κρεβατιού
ingubo yokulala

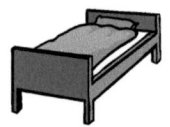
κρεβάτι
umbhede

σκούπα
umshanelo

κουβάς
ibhakede

διακόπτης
i-switch

σαλόνι
igumbi lokuhlala

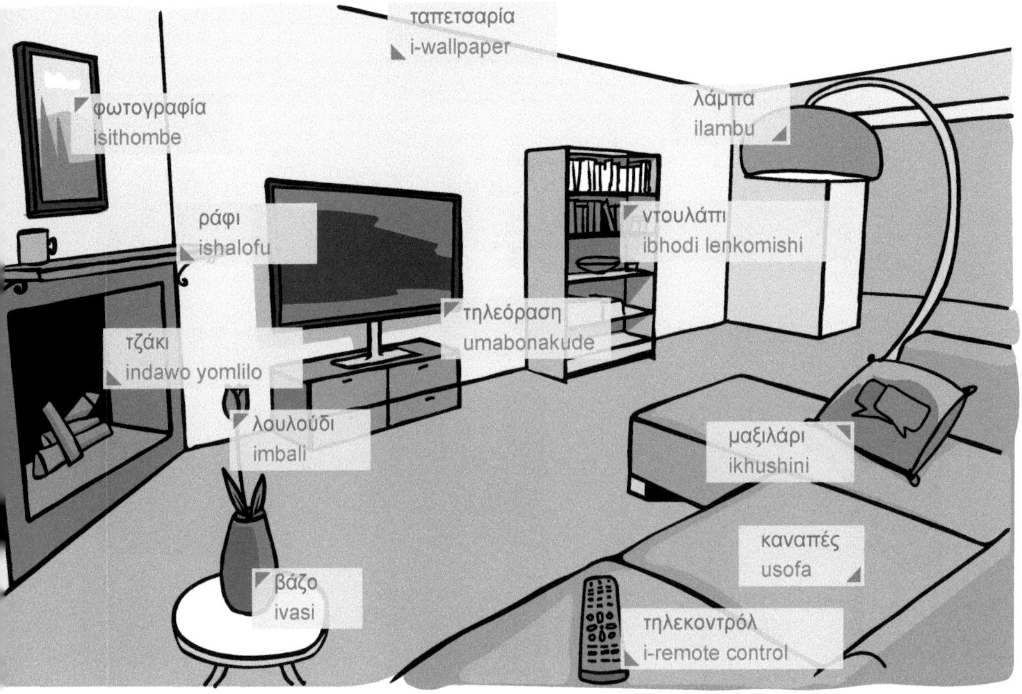

- ταπετσαρία / i-wallpaper
- φωτογραφία / isithombe
- λάμπα / ilambu
- ράφι / ishalofu
- ντουλάπι / ibhodi lenkomishi
- τζάκι / indawo yomlilo
- τηλεόραση / umabonakude
- λουλούδι / imbali
- μαξιλάρι / ikhushini
- καναπές / usofa
- βάζο / ivasi
- τηλεκοντρόλ / i-remote control

χαλί
ukhaphethe

κουρτίνα
ikhethini

τραπέζι
itafula

καρέκλα
isihlalo

κουνιστή πολυθρόνα
isihlalo esinyakazayo

πολυθρόνα
isihlalo esingangengalo

βιβλίο	κουβέρτα	διακόσμηση
incwadi	ingubo	ukuhlobisa

καυσόξυλα	ταινία	στερεοφωνικό σύστημα
izinkuni zokubasa	ifilimu	izinto ze-hi-fi

κλειδί	εφημερίδα	πίνακας ζωγραφικής
ukhiye	iphephandaba	ukupenda

αφίσα	ραδιόφωνο	σημειωματάριο
iphosta	umsakazo	i-notepad

ηλεκτρική σκούπα	κάκτος	κερί
ihuva	i-cactus	ikhandlela

σαλόνι - igumbi lokuhlala

κουζίνα
ikhishi

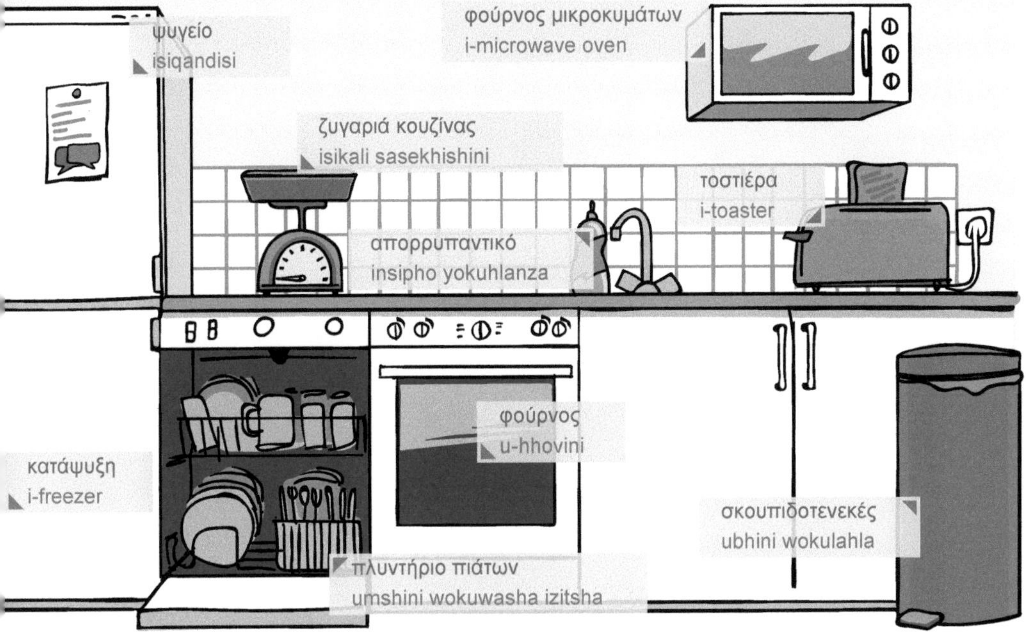

ψυγείο
isiqandisi

φούρνος μικροκυμάτων
i-microwave oven

ζυγαριά κουζίνας
isikali sasekhishini

απορρυπαντικό
insipho yokuhlanza

τοστιέρα
i-toaster

φούρνος
u-hhovini

κατάψυξη
i-freezer

σκουπιδοτενεκές
ubhini wokulahla

πλυντήριο πιάτων
umshini wokuwasha izitsha

κουζίνα
umshini wokupheka

κατσαρόλα
ibhodwe

μαντεμένια κατσαρόλα
ibhodwe le-cast iron

γουόκ/καντάι
i-wok / kadai

τηγάνι
ipani

βραστήρας
iketela

κουζίνα - ikhishi

ατμομάγειρας
i-steamer

ταψί
ithreyi lokubhaka

πιατικά
izitsha zokudla

κούπα
imaki

μπολ
isitsha

ξυλάκια
izinti zendwangu

κουτάλα
isixembe sokuphaka

σπάτουλα
ispathula

ανακατεύω
i-whisk

σουρωτήρι
i-strainer

σουρωτηράκι
isisefo

τρίφτης
igretha

γουδί
isitsha sodaka

ψησταριά
i-barbecue

ανοιχτή φωτιά
umlilo

κουζίνα - ikhishi

σανίδα κοπής
ibhodi lokuqoba

πλάστης
ipini lokurola

ανοιχτήρι φελλών
iskrew

κονσέρβα
ikani

ανοιχτήρι κονσέρβας
into yokuvula ikani

γάντι φούρνου
indwangu yokubamba ibhodwe

νεροχύτης
usinki

βούρτσα
i-brush

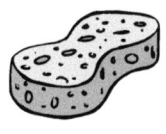
σφουγγάρι
isiponji

μπλέντερ
ibhlenda

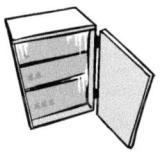
καταψύκτης
i-deep freezer

μπιμπερό
ibhodlela lengane

βρύση
umpompi

κουζίνα - ikhishi

μπάνιο
igumbi lokugeza

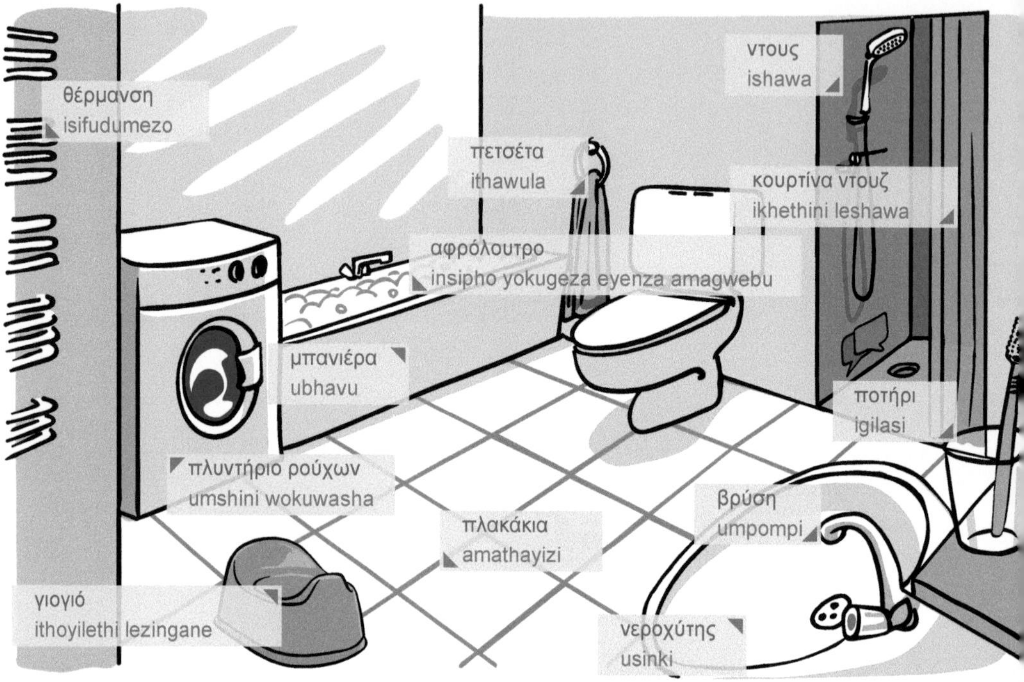

- θέρμανση / isifudumezo
- ντους / ishawa
- πετσέτα / ithawula
- κουρτίνα ντουζ / ikhethini leshawa
- αφρόλουτρο / insipho yokugeza eyenza amagwebu
- μπανιέρα / ubhavu
- ποτήρι / igilasi
- πλυντήριο ρούχων / umshini wokuwasha
- πλακάκια / amathayizi
- βρύση / umpompi
- γιογιό / ithoyilethi lezingane
- νεροχύτης / usinki

τουαλέτα
ithoyilethi

τούρκικη τουαλέτα
ithoyilethi oqoshama kuyo

μπιντές
ithoyilethi le-bidet

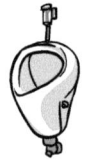

ουρητήριο
ithoyilethi lokuchama labesilisa

χαρτί υγείας
iphepha lasethoyilethi

πιγκάλ
ibhrashi lasethoyilethi

  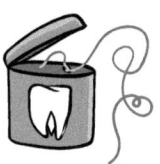

οδοντόβουρτσα	οδοντόκρεμα	οδοντικό νήμα
ibhrashi lamazinyo	insipho yamazinyo	into yokuvungula

πλένω	τηλέφωνο ντους	ντουσιέρα
washa	ishawa ebanjwa ngesandla	uchatho

λεκάνη	βούρτσα πλάτης	σαπούνι
u-basini	ibrashi lomhlane	insipho

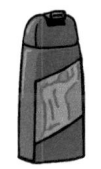  

αφρόλουτρο	σαμπουάν	φανέλα
ijeli yeshawa	ishampu	ishethi lesikoshi

σιφόνι	κρέμα	αποσμητικό
i-drain	ukhilimu	into yokugcoba amakhwapha

μπάνιο - igumbi lokugeza

καθρέφτης
isibuko

καθρέφτης χειρός
isibuko esiphathwa ngesandla

ξυραφάκι
ireyza

αφρός ξυρίσματος
igwebu lokushefa

αφτερσέιβ
umuthi ogcotshwa ngemva kokushefa

χτένα
ikama

βούρτσα
ibhrashi

σεσουάρ
into yokomisa izinwele

λακ
ispreyi sezinwele

μακιγιάζ
i-makeup

κραγιόν
into yokugcoba umlomo

βερνίκι νυχιών
into yokususa upende wezinzipho

βαμβάκι
uwuli kakotini

ψαλίδι νυχιών
isikelo sezinzipho

άρωμα
isigqolo

μπάνιο - igumbi lokugeza

νεσεσέρ	σκαμπό	ζυγαριά
isikhwama sezinto zokugeza	isitulo	isikali

μπουρνούζι	ελαστικά γάντια	ταμπόν
ingubo yokugeza	amagilavu erabha	ithemponi
	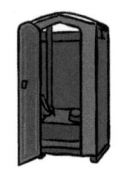	
πετσέτα υγιεινής	χημική τουαλέτα	
iphedi yasesikhathini	ithoyilethi lekhemikhali	

μπάνιο - igumbi lokugeza

παιδικό δωμάτιο

igumbi lezingane

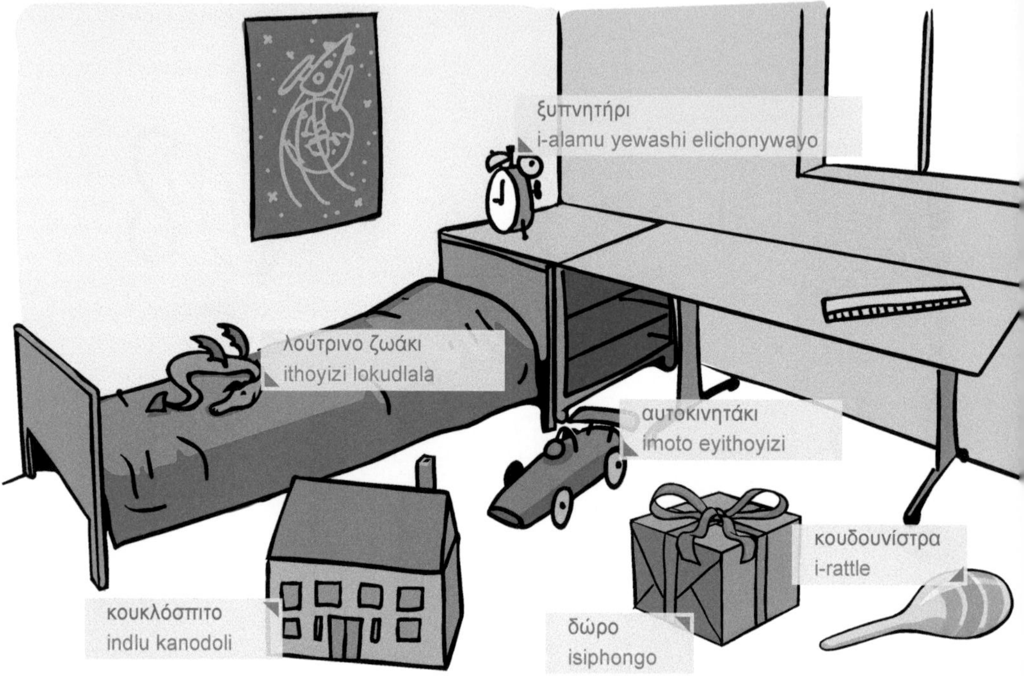
ξυπνητήρι
i-alamu yewashi elichonywayo
λούτρινο ζωάκι
ithoyizi lokudlala
αυτοκινητάκι
imoto eyithoyizi
κουδουνίστρα
i-rattle
κουκλόσπιτο
indlu kanodoli
δώρο
isiphongo

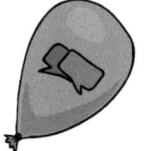

μπαλόνι

ibhaluni

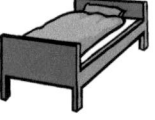

κρεβάτι

umbhede

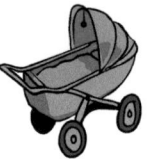

καροτσάκι

iphremu

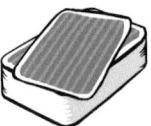

τράπουλα

amakhadi

παζλ

i-jigsaw

SUPER MEGA

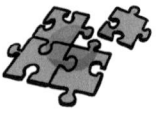

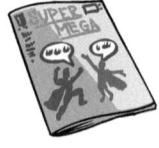

κόμικς

indaba edwetshiwe

τουβλάκια lego
amabrick elego

τουβλάκια κατασκευών
amabhuloksi okwakha

φιγούρα δράσης
unodoli weqhawe

βρεφικό φορμάκι
izimpahla zezingane

φρίσμπι
i-frisbee

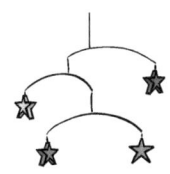

μόμπιλο
amathoyizi ezingane alengayo

επιτραπέζιο παιχνίδι
ibhodi lokudlala igemu

ζάρια
idayisi

σετ τρενάκι
isethi yesitimela

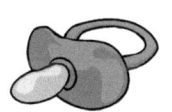

πιπίλα
idemu

πάρτι
iphathi

εικονογραφημένο βιβλίο
incwadi yezithombe

μπάλα
ibhola

κούκλα
unodoli

παίζω
dlala

παιδικό δωμάτιο - igumbi lezingane

σκάμμα με άμμο
umgodi wenhlabathi

κούνια
uzwinki

παιχνίδια
amathoyizi

κονσόλα βιντεοπαιχνιδιών
umshini wamavidiyo geymu

τρίκυκλο
ibhayisikili elinemasondo amathathu

αρκουδάκι
uthedibhe

ντουλάπα
u-wardrobe

ρούχα
izimpahla

κάλτσες
amasokisi

καλτσοδέτες
amastokhingi

καλσόν
amathayithi

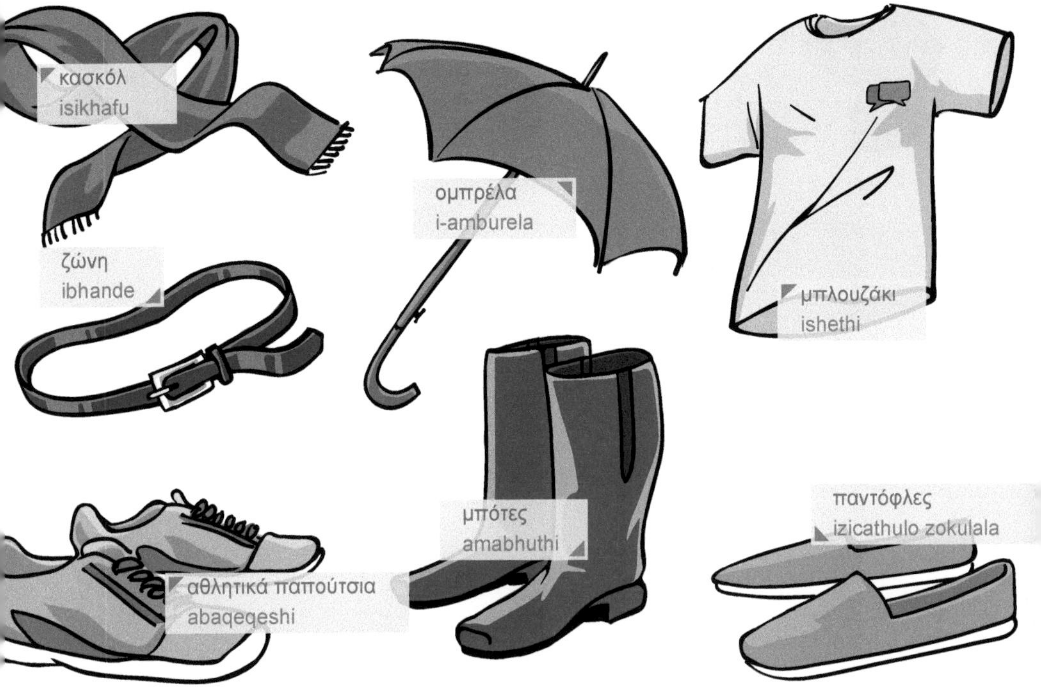

κασκόλ
isikhafu

ομπρέλα
i-amburela

μπλουζάκι
ishethi

ζώνη
ibhande

μπότες
amabhuthi

παντόφλες
izicathulo zokulala

αθλητικά παπούτσια
abaqeqeshi

σανδάλια
amasandali

παπούτσια
izicathulo

γαλότσες
amabhuthi erabha

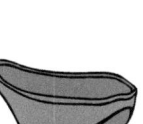

εσώρουχο
iphenti

σουτιέν
u-bra

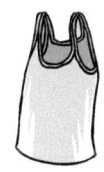

φανέλα
ivesti

ρούχα - izimpahla

σώμα umzimba	παντελόνι amabhulukwe	τζιν παντελόνι amajini

φούστα isiketi	μπλούζα isikibha	πουκάμισο ishethi

πουλόβερ ijezi elinezigqoko	πουλόβερ i-hoodie	σακάκι ibhuleyiza

μπουφάν ijakhethi	παλτό ijazi	αδιάβροχο πανωφόρι i-raincoat

κοστούμι ikhosyumu	φόρεμα ingubo	νυφικό ingubo yomshado

ρούχα - izimpahla

 κοστούμι isudu	 νυχτικό ingubo yokulala	 πιτζάμες amaphijama
 σάρι ingubo yesari	 μαντήλι isikhafu	 τουρμπάνι isigqoko se-turban
 μπούρκα ibhukha	 καφτάνι ingubo yekaftani	 μουσουλμανικό ένδυμα abaya
 ολόσωμο μαγιό impahla yokubhukuda	 ανδρικό μαγιό amathranki	 σορτς isikhindi
 αθλητική φόρμα i-tracksuit	 ποδιά ingubo yokupheka	 γάντια amagilavu

ρούχα - izimpahla

κουμπί
ibhathini

γυαλιά
izibuko

βραχιόλι
ibhengela

περιδέραιο
umgexo

δαχτυλίδι
indandatho

σκουλαρίκι
amacici

καπέλο
ikepisi

κρεμάστρα
into yokuhenga ijazi

καπέλο
isigqoko

γραβάτα
uthayi

φερμουάρ
uziphu

κράνος
ihelmethi

τιράντες
ama-braces

μαθητική στολή
iyunifomu yesikole

στολή
iyunifomu

ρούχα - izimpahla

σαλιάρα
ibhayi lengane

πιπίλα
idemu

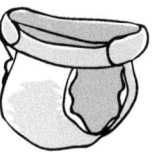
πάνα
inabukeni

γραφείο
i-ofisi

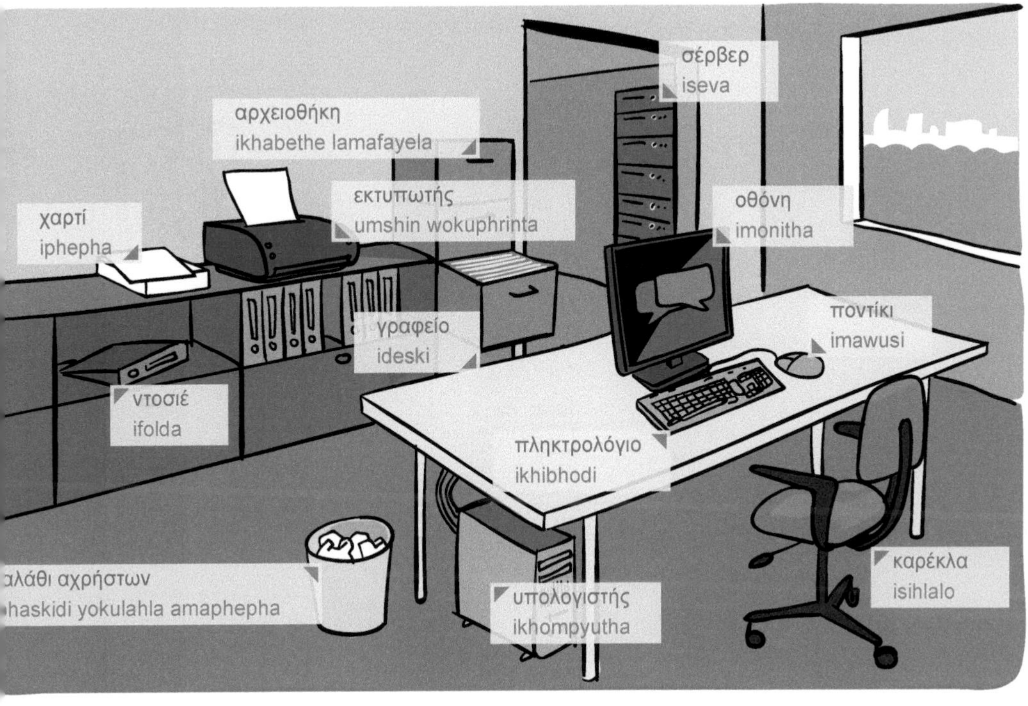

- σέρβερ / iseva
- αρχειοθήκη / ikhabethe lamafayela
- εκτυπωτής / umshin wokuphrinta
- οθόνη / imonitha
- χαρτί / iphepha
- ποντίκι / imawusi
- γραφείο / ideski
- ντοσιέ / ifolda
- πληκτρολόγιο / ikhibhodi
- καρέκλα / isihlalo
- καλάθι αχρήστων / ihaskidi yokulahla amaphepha
- υπολογιστής / ikhompyutha

κούπα του καφέ
imagi yekhofi

κομπιουτεράκι
ikhalkhuletha

ίντερνετ
i-inthanethi

γραφείο - i-ofisi

λάπτοπ
ilephuthophu

γράμμα
incwadi

μήνυμα
umyalezo

κινητό
ifoni

δίκτυο
inethiwekhi

φωτοτυπικό μηχάνημα
ifothokhophi

λογισμικό
i-software

τηλέφωνο
ucingo

πρίζα
indawo yokupulaka

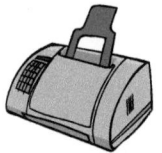
συσκευή φαξ
umshini wokufeksa

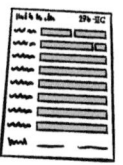
έντυπο
ifomu

έγγραφο
idokhumenti

γραφείο - i-ofisi

οικονομία
umnotho

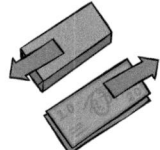

αγοράζω
thenga

πληρώνω
khokha

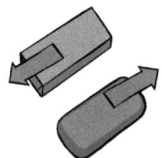

συναλλάσσομαι
shintshana

χρήματα
imali

δολάριο
idola

ευρώ
i-euro

γιεν
iyen

ρούβλι
i-rouble

ελβετικό φράγκο
iSwiss franc

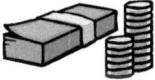

ρενμίνμπι γιουάν
i-renminbi yuan

ρουπία
i-rupee

ATM (αυτόματη ταμειακή μηχανή)
umshini wokukhipha imali

ανταλλακτήρια συναλλάγματος
i-bureau de change

χρυσός
igolide

ασήμι
isiliva

πετρέλαιο
amafutha

ενέργεια
amandla

τιμή
inani lemali

συμβόλαιο
ukuxhumana

φόρος
intela

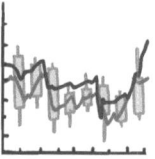
μετοχή
isitokwe

δουλεύω
sebenza

υπάλληλος
isisebenzi

εργοδότης
umqashi

εργοστάσιο
ifekthri

κατάστημα
esitolo

οικονομία - umnotho

επαγγέλματα
imisebenzi

αστυνόμος
iphoyisa

πυροσβέστης
indoda ecisha umlilo

μάγειρας
pheka

γιατρός
udokotela

πιλότος
umshayeli wezindiza

κηπουρός
umuntu onakekela ingadi

ξυλουργός
umbazi

μοδίστρα
umthungi

δικαστής
ijaji

χημικός
umuntu osebenza ekhemisi

ηθοποιός
umlingisi

οδηγός λεωφορείου
umshayeli webhasi

ταξιτζής
umshayeli wetekisi

ψαράς
indoda edoba izinhlanzi

καθαρίστρια
owesifazane ohlanzayo

τεχνίτης στεγών
umuntu olungisa uphahla

σερβιτόρος
uweyita

κυνηγός
umzingeli

ζωγράφος
umuntu opendayo

αρτοποιός
umbhaki

ηλεκτρολόγος
umuntu osebenza ngogesi

οικοδόμος
umakhi

μηχανολόγος
unjiniyela

κρεοπώλης
indawo edayisa inyama

υδραυλικός
umuntu osebenza ngamapayipi

ταχυδρόμος
indoda yaseposini

επαγγέλματα - imisebenzi

στρατιώτης
isosha

αρχιτέκτονας
umdwebi wezakhiwo

ταμίας
umbali wemali

ανθοπώλης
umuntu otshala izimbali

κομμωτής
umuntu owenza izinwele

ελεγκτής εισιτηρίων
umqondisi wasesitimeleni

μηχανικός
umakhenikha

καπετάνιος
ukaputeni

οδοντίατρος
udokotela wamazinyo

επιστήμονας
usosayensi

ραβίνος
urabi

ιμάμης
imam

μοναχός
indela

ιερέας
umfundisi

επαγγέλματα - imisebenzi

εργαλεία
amathuluzi

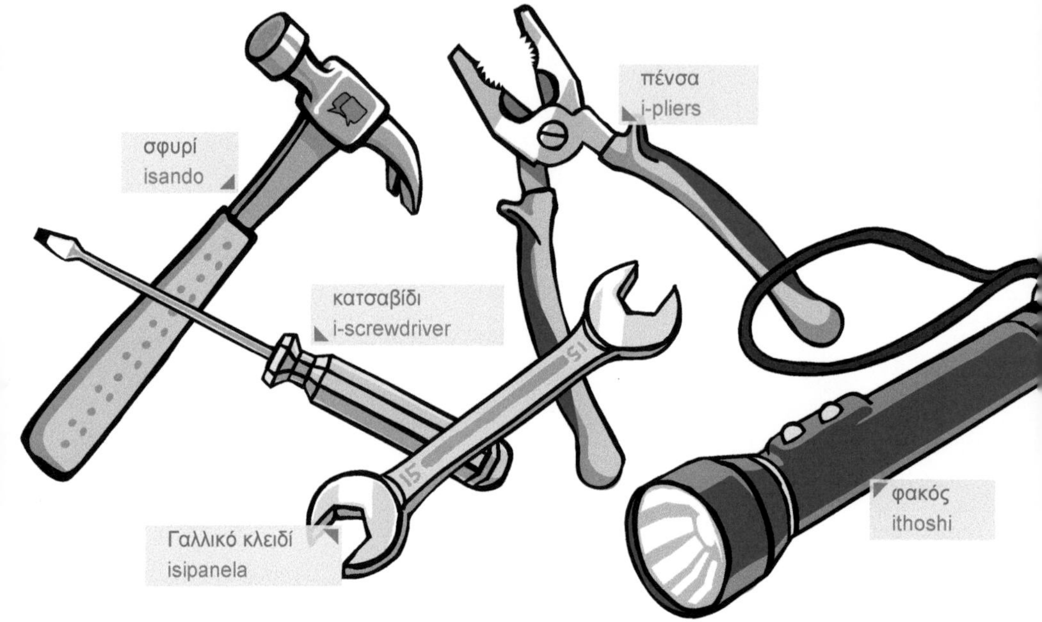

σφυρί
isando

πένσα
i-pliers

κατσαβίδι
i-screwdriver

Γαλλικό κλειδί
isipanela

φακός
ithoshi

εκσκαφέας

umshini wokumba

εργαλειοθήκη

ibhokisi lamathuluzi

σκάλα

isitebhisi

πριόνι

isaha

καρφιά

izinzipho

τρυπάνι

i-drill

επισκευάζω
lungisa

φτυάρι
ifosholo

Να πάρει!
Damethi!

φαράσι
idastipheni

δοχείο χρωμάτων
ithini likapende

βίδες
i-screws

μουσικά όργανα
izinsimbi zomculo

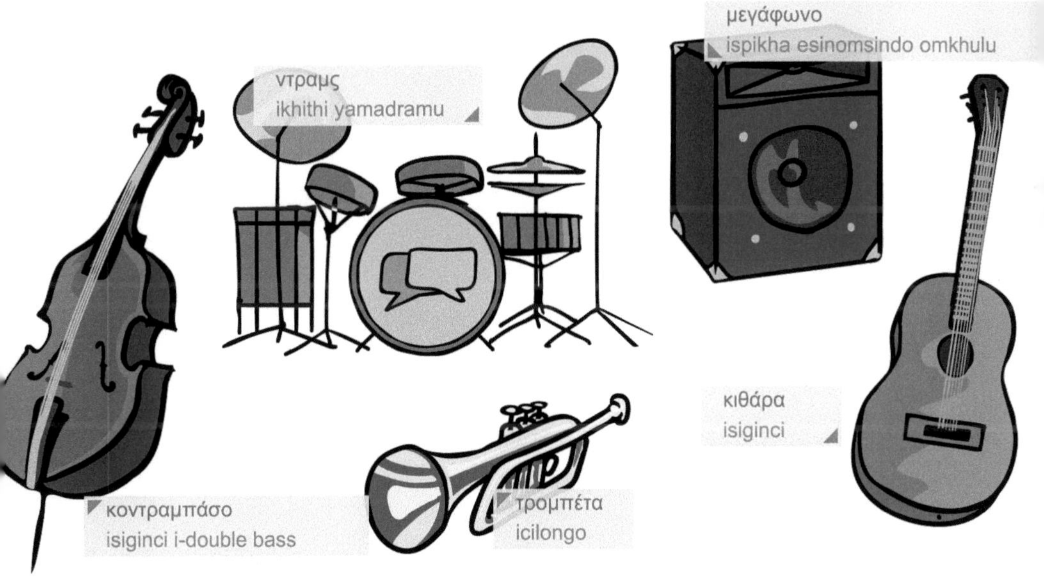

ντραμς
ikhithi yamadramu

μεγάφωνο
ispikha esinomsindo omkhulu

κιθάρα
isiginci

κοντραμπάσο
isiginci i-double bass

τρομπέτα
icilongo

πιάνο	βιολί	μπάσο
ipiyano	ivayolini	i-bass

τύμπανα	τύμπανο	πλήκτρα
ithimpani	amadramu	i-keyboard

σαξόφωνο	φλάουτο	μικρόφωνο
i-saxophone	umtshingo	imakhrofoni

ζωολογικός κήπος
esiqiwini

είσοδος
indawo yokungena

τίγρης
ingwe

κλουβί
ikheji

ζέβρα
idube

ζωοτροφή
ukudla kwezilwane

πάντα
iphanda

ζώα
izilwane

ελέφαντας
indlovu

καγκουρό
ikhangaru

ρινόκερος
ubhejane

γορίλας
igorila

αρκούδα
ibhele

ζωολογικός κήπος - esiqiwini 59

καμήλα
ikamela

στρουθοκάμηλος
intshe

λιοντάρι
ingonyama

πίθηκος
inkawu

φλαμίνγκο
i-flamingo

παπαγάλος
upholi

πολική αρκούδα
ibhele laseqhweni

πιγκουίνος
iphenguwini

καρχαρίας
ushaka

παγώνι
ipigogo

φίδι
inyoka

κροκόδειλος
ingwenya

φύλακας ζωολογικού κήπου
umgcini wezilwane

φώκια
isilwane saseqhweni

τζάγκουαρ
ijaguwa

ζωολογικός κήπος - esiqiwini

πόνυ
iponi

λεοπάρδαλη
ingwe

ιπποπόταμος
imvubu

καμηλοπάρδαλη
indlulamithi

αετός
ukhozi

αγριογούρουνο
intibane

ψάρι
inhlanzi

χελώνα
ufudu

θαλάσσιος ίππος
i-walrus

αλεπού
ujakalase

γαζέλα
inyamazane igazele

ζωολογικός κήπος - esiqiwini

αθλήματα
imidlalo

δραστηριότητες
imisebenzi

- γελάω / hleka
- πηδάω / gxuma
- αγκαλιάζω / haga
- περπατάω / hamba
- τραγουδάω / cula
- ονειρεύομαι / phupha
- προσεύχομαι / thandaza
- φιλάω / cabuza

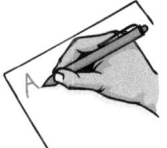

γράφω
bhala

σχεδιάζω
dweba

δείχνω
bonisa

πιέζω
phusha

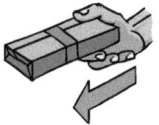

δίνω
nikeza

παίρνω
thatha

έχω
yiba

κάνω
yenza

είμαι
yiba

στέκομαι
sukuma

τρέχω
gijima

τραβάω
donsa

ρίχνω
phonsa

πέφτω
yiwa

ξαπλώνω
amanga

περιμένω
linda

κουβαλώ
thwala

κάθομαι
hlala

φοράω
gqoka

κοιμάμαι
lala

ξυπνάω
vuka

64   δραστηριότητες - imisebenzi

κοιτάω
bukela

κλαίω
khala

χαϊδεύω
qhweba

χτενίζω
kama

μιλάω
khuluma

καταλαβαίνω
qonda

ρωτάω
buza

ακούω
lalela

πίνω
phuza

τρώω
idla

συγυρίζω
coca

αγαπάω
thanda

μαγειρεύω
pheka

οδηγώ
shayela

πετάω
ndiza

δραστηριότητες - imisebenzi

κάνω ιστιοπλοΐα	υπολογίζω	διαβάζω
hamba ngomkhumbi	bala	funda

μαθαίνω	δουλεύω	παντρεύομαι
funda	sebenza	shada
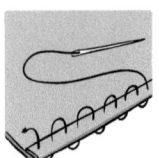		
ράβω	βουρτσίζω τα δόντια	σκοτώνω
thunga	geza amazinyo	bulala

καπνίζω	στέλνω	
bhema	thumela	

οικογένεια
umndeni

γιαγιά
ugogo

παππούς
umkhulu

πατέρας
ubaba

μητέρα
umama

μωρό
ingane

κόρη
indodakazi

γιος
indodana

καλεσμένος
isivakashi

θεία
u-anti

θείος
umalume

αδελφός
umfowethu

αδελφή
udadewethu

σώμα
umzimba

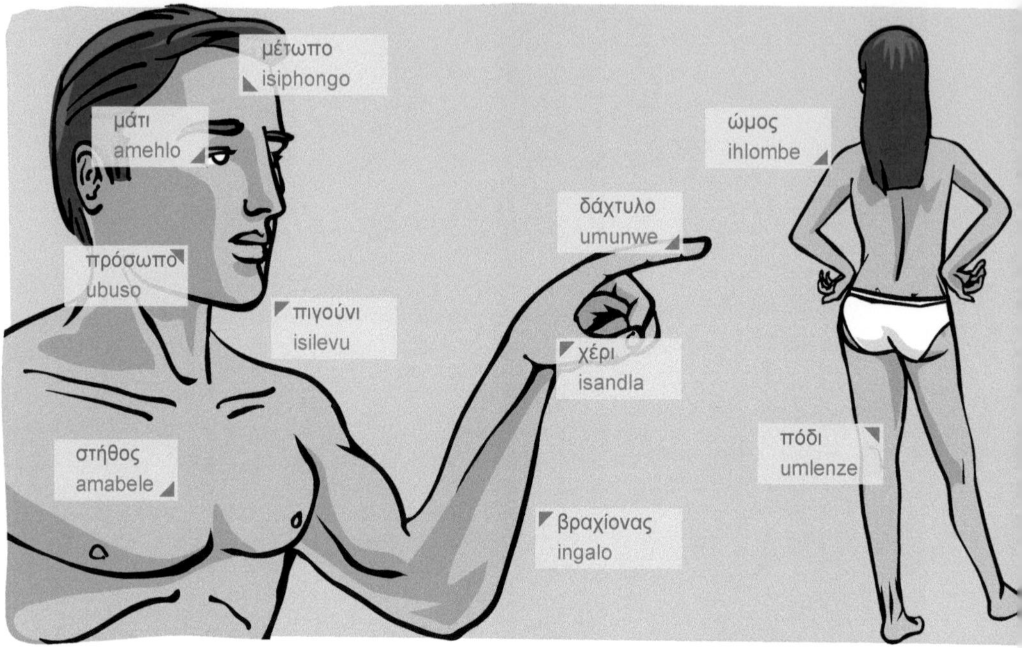

μέτωπο
isiphongo

μάτι
amehlo

ώμος
ihlombe

δάχτυλο
umunwe

πρόσωπο
ubuso

πιγούνι
isilevu

χέρι
isandla

στήθος
amabele

πόδι
umlenze

βραχίονας
ingalo

μωρό
ingane

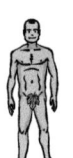

άνδρας
indoda

γυναίκα
owesifazane

κορίτσι
intombazane

αγόρι
umfana

κεφάλι
ikhanda

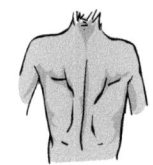 πλάτη umhlane	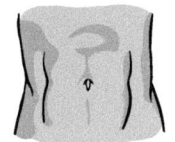 κοιλιά isisu	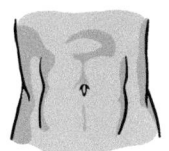 αφαλός inkaba
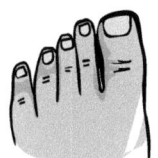 δάχτυλο ποδιού izinzwane	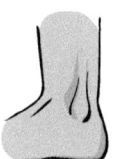 φτέρνα isithende	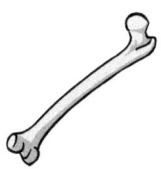 κόκκαλο ithambo
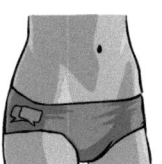 γοφός inqulu	 γόνατο idolo	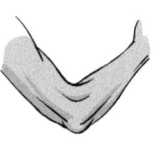 αγκώνας indololwane
 μύτη ikhala	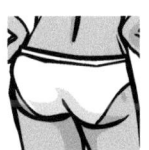 γλουτός ingenzansi	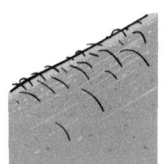 δέρμα isikhumba
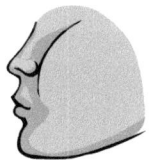 μάγουλο iziqhomo	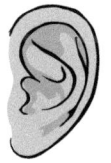 αυτί indlebe	 χείλος udebe

σώμα - umzimba

στόμα
umlomo

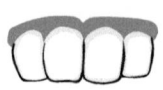
δόντι
amazinyo

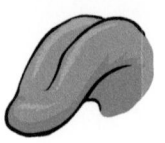
γλώσσα
ulimu

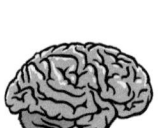
εγκέφαλος
ingqondo

καρδιά
inhliziyo

μυς
imasela

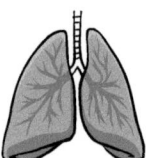
πνεύμονας
uphaphe

συκώτι
isibindi

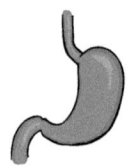
στομάχι
isisu

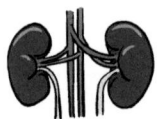
νεφρά
izinso

σεξουαλική επαφή
ucansi

προφυλακτικό
ikhondomu

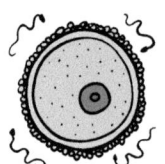
ωάριο
iqanda

σπέρμα
isidoda

εγκυμοσύνη
ukukhulelwa

σώμα - umzimba

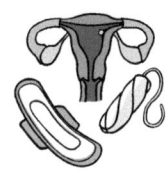		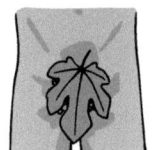
περίοδος	γυναικείος κόλπος	πέος
ukuya esikhathini	imomozi	umthondo

φρύδι	μαλλιά	λαιμός
ishiya	izinwele	intamo

σώμα - umzimba

νοσοκομείο
isibhedlela

- νοσοκομείο / isibhedlela
- ασθενοφόρο / i-ambulensi
- αναπηρικό καροτσάκι / isitulo sabakhubazekile
- κάταγμα / ukuphuka

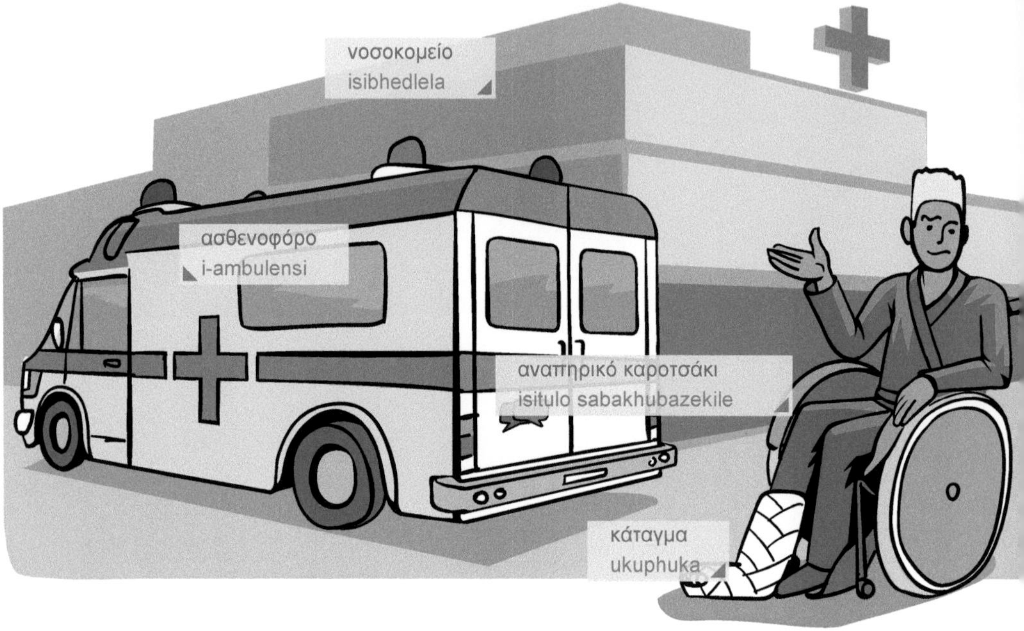

γιατρός
udokotela

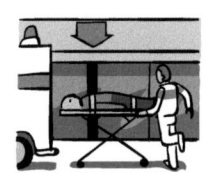

μονάδα εντατικής θεραπείας
igumbi leziguli ezidinga ukwelashwa

νοσοκόμα
umhlengikazi

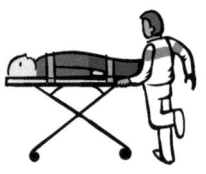

έκτακτη ανάγκη
izimo eziphuthumayo

λιπόθυμος
ukuquleka

πόνος
ubuhlungu

νοσοκομείο - isibhedlela

τραύμα
ukulimala

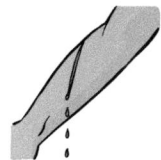
αιμορραγία
ukopha

έμφραγμα
isifo senhliziyo

εγκεφαλικό
ukushaywa unhlangothi

αλλεργία
ukungazwani komzimba nezinto ezithile

βήχας
ukukhwehlela

πυρετός
imfiva

γρίπη
umkhuhlane

διάρροια
ukuhuda

πονοκέφαλος
ukuphathwa ikhanda

καρκίνος
umdlavuza

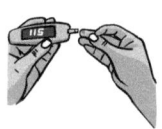
διαβήτης
isifo sikashukela

χειρουργός
udokotela ohlinzayo

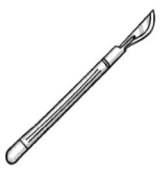
νυστέρι
isikalpheli

εγχείρηση
ukuhlinzwa

νοσοκομείο - isibhedlela

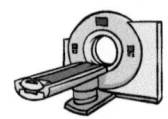	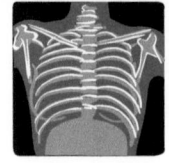	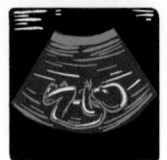
αξονική τομογραφία CT	ακτινογραφία i-x-ray	υπέρηχος i-ultrasound
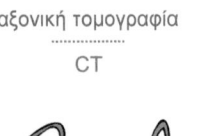		
μάσκα imaskhi yasebusweni	ασθένεια isifo	αίθουσα αναμονής igumbi lokulinda
	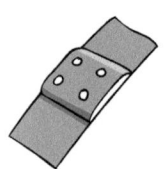	
πατερίτσα izinduko zokuhamba	χάνσαπλαστ iplasta	επίδεσμος ibhandishi
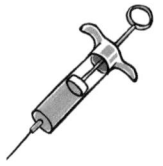	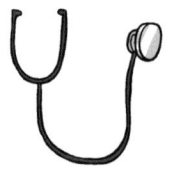	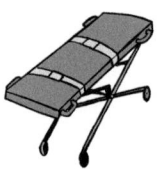
ένεση umjovo	στηθοσκόπιο izipopolo zikadokotela	φορείο i-stretcher

θερμόμετρο umshini okala izinga lokushisa	γέννηση ukubeletha	υπέρβαρο ukukhuluphala ngokweqile

ακουστικό βαρηκοΐας
insizwa yokuzwa

αντισηπτικό
ukungatheleleki

λοίμωξη
ukutheleleka

ιός
ivariyasi

HIV/AIDS
HIV / AIDS

φάρμακο
umuthi

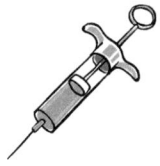
εμβολιασμός
umgomo

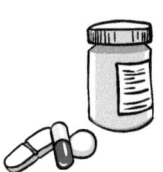
δισκία
amaphilisi

χάπι
amaphilisi

κλήση έκτακτης ανάγκης
ucingo oluphuthumayo

πιεσόμετρο αίματος
umshini okala umfutho wegazi

άρρωστος / υγιής
ukugula / ukuba umqemane

νοσοκομείο - isibhedlela

έκτακτη ανάγκη
izimo eziphuthumayo

Βοήθεια!
Sizani!

συναγερμός
i-alamu

βιαιοπραγία
ukuhlasela

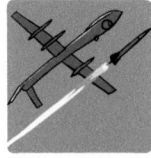
επίθεση
ukuhlasela

κίνδυνος
ingozi

έξοδος κινδύνου
indawo yokubalekela ngaphansi kwezimo eziphuthumayo

Φωτιά!
Umlimo!

πυροσβεστήρας
isicimamlilo

ατύχημα
ingozi

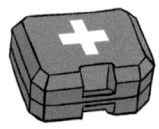
κουτί πρώτων βοηθειών
ikhithi yosizo lokuqala

SOS
SOS

αστυνομία
amaphoyisa

Γη
Umhlaba

Ευρώπη
Europe

Βόρεια Αμερική
North America

Νότια Αμερική
South America

Αφρική
Africa

Ασία
Asia

Αυστραλία
Australia

Ατλαντικός Ωκεανός
Atlantic

Ειρηνικός Ωκεανός
Pacific

Ινδικός Ωκεανός
Indian Ocean

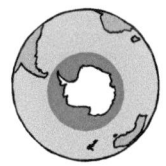
Ανταρκτικός Ωκεανός
Antarctic Ocean

Αρκτικός Ωκεανός
Arctic Ocean

Βόρειος Πόλος
North Pole

Γη - Umhlaba

Νότιος Πόλος	Ανταρκτική	Γη
South Pole	Antarctica	Umhlaba
		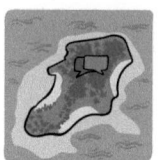
γη	θάλασσα	νησί
umhlaba	izilwandle	isiqhingi
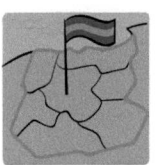	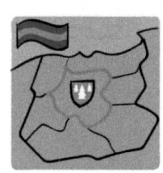	
έθνος	πολιτεία	
izwe	inhlangano engokomthetho	

ρολόι
iwashi

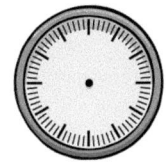

καντράν ρολογιού
ubuso bewashi

ωροδείκτης
isandla sehora

λεπτοδείκτης
isandla semizuzu

δείκτης δευτερολέπτων
isandla sesibili

Τι ώρα είναι;
Ubani isikhathi?

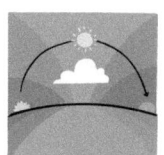

ημέρα
usuku

χρόνος
isikhathi

τώρα
manje

ψηφιακό ρολόι
iwashi lezibalo

λεπτό
umzuzu

ώρα
ihora

εβδομάδα
iviki

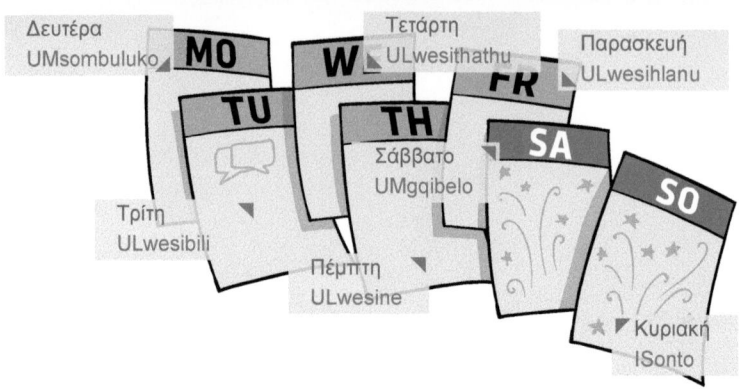

Δευτέρα UMsombuluko
Τρίτη ULwesibili
Τετάρτη ULwesithathu
Πέμπτη ULwesine
Παρασκευή ULwesihlanu
Σάββατο UMgqibelo
Κυριακή ISonto

χθες
izolo

σήμερα
namhlanje

αύριο
kusasa

πρωί
ekuseni

μεσημέρι
emini

βράδυ
ntambama

εργάσιμες ημέρες
izinsuku zeviki

Σαββατοκύριακο
impelasonto

80   εβδομάδα - iviki

έτος
unyaka

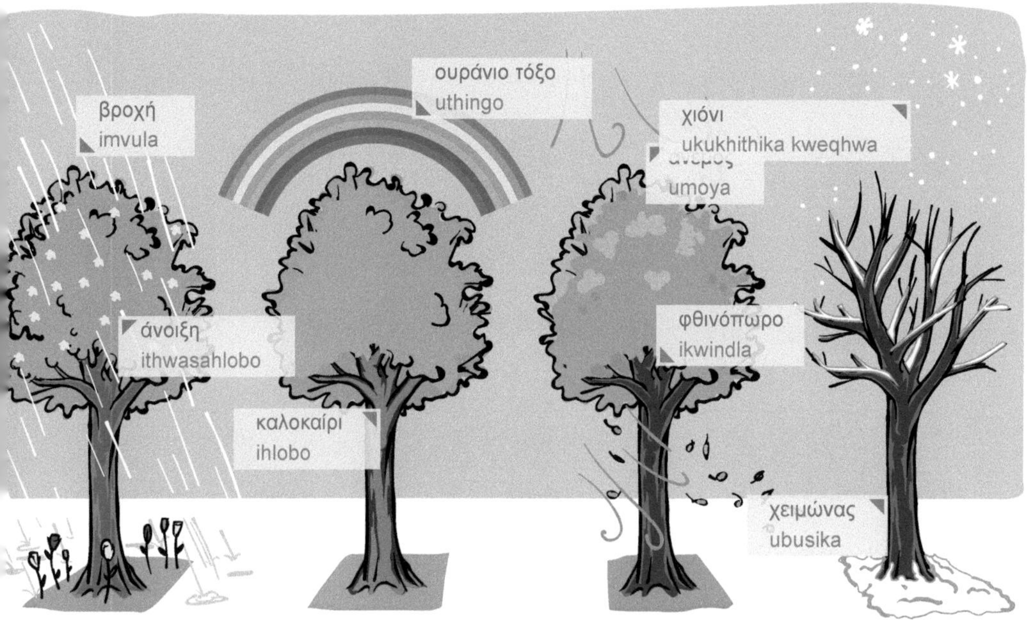

βροχή / imvula

ουράνιο τόξο / uthingo

χιόνι / ukukhithika kweqhwa

άνεμος / umoya

άνοιξη / ithwasahlobo

καλοκαίρι / ihlobo

φθινόπωρο / ikwindla

χειμώνας / ubusika

πρόγνωση καιρού
isimo sezulu

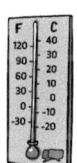

θερμόμετρο
umshini wezinga lokushisa

λιακάδα
ukushisa kwelanga

σύννεφο
amafu

ομίχλη
inkungu

υγρασία
umswakama

αστραπή
ummbani

κεραυνός
ukuduma kwezulu

καταιγίδα
isiphepho

χαλάζι
isichotho

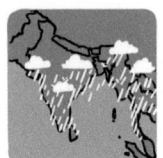
μουσώνας
imvula enkulu

πλημμύρα
izikhukhula

πάγος
iqhwa

Ιανουάριος
UMasingana

Φεβρουάριος
UNhlolanja

Μάρτιος
UNdasa

Απρίλιος
UMbasa

Μάιος
UNhlaba

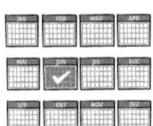
Ιούνιος
UNhlangulana

Ιούλιος
UNtulikazi

Αύγουστος
UNcwaba

έτος - unyaka

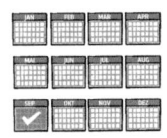
Σεπτέμβριος
UMandulo

Οκτώβριος
UMfumfu

Νοέμβριος
ULwezi

Δεκέμβριος
UZibandlela

σχήματα
amasheyphu

κύκλος
indilinga

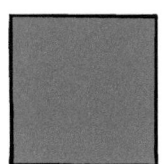
τετράγωνο
isikwele

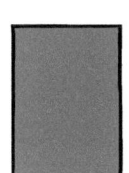
ορθογώνιο
παραλληλόγραμμο
unxande

τρίγωνο
unxantathu

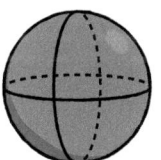
σφαίρα
i-sphere

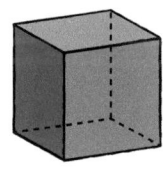
κύβος
i-cube

σχήματα - amasheyphu

χρώματα
imibala

άσπρο
kumhlophe

κίτρινο
kuphuzi

πορτοκαλί
ku-olenji

ροζ
kuphinki

κόκκινο
kumbomvu

μωβ
kuphephuli

μπλε
kuluhlaza okwesibhakabhaka

πράσινο
kuluhlaza

καφέ
kubhrawuni

γκρι
kuphashile

μαύρο
kumnyama

αντίθετα
izinto ezingafani

πολύ / λίγο
kakhulu / kancane

θυμωμένος / ήρεμος
ukucasuka / ubumnene

όμορφος / άσχημος
ubuhle / ububi

αρχή / τέλος
isiqalo / isiphetho

μεγάλος / μικρός
kukhulu / kuncane

φωτεινός / σκοτεινός
kuyakhanya / kumnyama

αδελφός / αδελφή
umfowethu / udadewethu

καθαρός / λερωμένος
ukuhlanzeka / ukungcola

πλήρης / ατελής
ukuphelela / ukungapheleli

ημέρα / νύχτα
imini / ubusuku

νεκρός / ζωντανός
ukufa / ukuphila

φαρδύς / στενός
ukuvuleka / ukunyinyeka

βρώσιμος / μη βρώσιμος
okudliwayo / okungadliwa

κακός / ευγενικός
ukukhohlakala / umusa

ενθουσιασμένος / βαριεστημένος
ukujabula / isithukuthezi

παχύς / λεπτός
ukunona / ukuzaca

πρώτος / τελευταίος
ukuqala / ukugcina

φίλος / εχθρός
umngane / isitha

γεμάτος / άδειος
ukugcwala / ukuphela

σκληρός / μαλακός
ubunzima / ukuthamba

βαρύς / ελαφρύς
ukusinda / ukubalula

πείνα / δίψα
ukulamba / ukoma

άρρωστος / υγιής
ukugula / ukuba umqemane

παράνομος / νόμιμος
ngokomthetho / okungekho emthethweni

έξυπνος / χαζός
ukuhlakanipha / isiphukuphuku

αριστερός / δεξιός
isinxele / esokudla

κοντινός / μακρινός
eduze / kude

αντίθετα - izinto ezingafani

καινούριος / μεταχειρισμένος
kusha / sekusebenzile

τίποτα / κάτι
utho / okuthile

γέρος | νέος
okudala / okusha

αναμμένος / σβηστός
vuliwe / kucishiwe

ανοιχτός / κλειστός
vula / vala

χαμηλόφωνος / μεγαλόφωνος
kuthulekile / kunomsindo

πλούσιος / φτωχός
ukuceba / ubumpofu

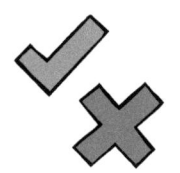

σωστός / λανθασμένος
kulungile / akulungile

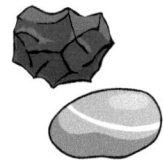

τραχύς / λείος
kugadlazekile / kuyashelela

λυπημένος / χαρούμενος
dabuka / jabula

κοντός / μακρύς
kufishane / kude

αργός / γρήγορος
kuyanensa / kuyashesha

υγρός / στεγνός
ukuba manzi / ukoma

ζεστός / δροσερός
ukufudumala / ukuphola

πόλεμος / ειρήνη
ukulwa / ukuthula

αντίθετα - izinto ezingafani

αριθμοί
izinombolo

0
μηδέν
uziro

1
ένα
kunye

2
δύο
kubili

3
τρία
kuthathu

4
τέσσερα
kune

5
πέντε
kuhlanu

6
έξι
isithupha

7
εφτά
isikhombisa

8
οκτώ
isishiyagalombili

9
εννιά
isishiyagalolunye

10
δέκα
ishumi

11
έντεκα
ishumi nanye

12
δώδεκα
ishumi nambili

13
δεκατρία
ishumi nantathu

14
δεκατέσσερα
ishumi nane

15
δεκαπέντε
ishumi nanhlanu

16
δεκαέξι
ishumi nesithupha

17
δεκαεφτά
ishumi nesikhombisa

18
δεκαοκτώ
ishumi nesishiyagalombili

19
δεκαεννέα
ishumi nesishiyagalolunye

20
είκοσι
amashumi amabili

100
εκατό
ikhulu

1.000
χίλια
inkulungwane

1.000.000
εκατομμύριο
izigidi

αριθμοί - izinombolo

γλώσσες
izilimi

Αγγλικά
isiNgisi

Αμερικάνικα Αγγλικά
isiNgisi saseMelika

Μανδαρίνικα Κινέζικα
isiMandarin saseShayina

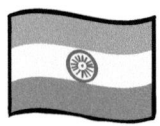
Χίντι
isiHindi

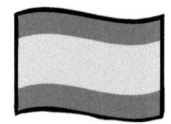
Ισπανικά
iSpanishi

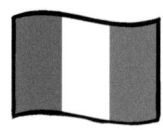
Γαλλικά
isiFulentshi

Αραβικά
isi-Arabhu

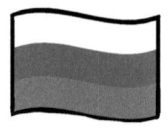
Ρώσικα
isiRashiya

Πορτογαλικά
isiPutukezi

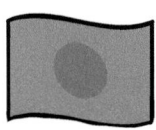
Μπενγκάλι
isiBengali

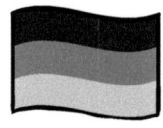
Γερμανικά
isiJalimane

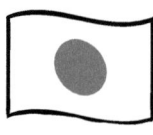
Ιαπωνικά
isiJapane

ποιος / τι / πως
ubani / ini / kanjani

εγώ
Mina

εσύ
wena

αυτός / αυτή / αυτό
u / u / ku

εμείς
thina

εσείς
nina

αυτοί / αυτές / αυτά
bona

ποιος / ποια / ποιο;
ubani?

τι;
ini?

πώς;
kanjani?

πού;
kuphi?

πότε;
nini?

όνομα
igama

που
kuphi

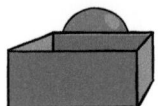

πίσω
ngemuva

μέσα
ngaphakathi

μπροστά
phambi kwe

πάνω από
phezulu

πάνω
ngaphezulu

κάτω
ngaphansi

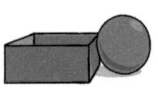

δίπλα
eceleni

ανάμεσα
phakathi

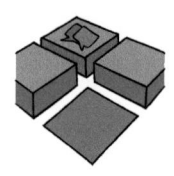

μέρος
indawo